LA VIE
DE
SAINT ROCH

Par M. l'abbé BEAUSSIRE

SECONDE ÉDITION

PARIS
DÉPOT CENTRAL DE LA SOCIÉTÉ DE SAINT-VICTOR
E. JOURDAN, RUE DE TOURNON, 46

LA VIE

DE

SAINT ROCH

APPROBATION

La vie de saint Roch, intéressante par elle-même, le devient encore plus à raison des circonstances que nous venons de traverser. Cette vie, écrite avec onction et naturel, ne peut que produire une heureuse impression sur l'esprit des fidèles, en leur inspirant une confiance encore plus grande pour un saint qu'on n'a jamais invoqué sans succès dans les maladies épidémiques ou contagieuses.

† Ch. Cardinal de la Tour-d'Auvergne-Lauraguais, *Évêque d'Arras*,

LA VIE
DE
SAINT ROCH

SUIVIE
DE LITANIES ET DE PRIÈRES POUR LES
TEMPS D'ÉPIDÉMIE

PAR M. L'ABBÉ BEAUSSIRE

PLANCY

Société de Saint-Victor pour la propagation des bons livres

PROPRIÉTÉ

Planey, Typ. de la Société de Saint-Victor. — J. COLLIN, imp.

LA VIE
DE
SAINT ROCH

CHAPITRE PREMIER

Naissance de saint Roch. — Sa pieuse éducation. — Encore jeune, il se décide à aller en Italie pour la solennité du Jubilé. — Il se dévoue au soulagement des pestiférés. — Sa conduite à Aquapendente.

Le bienheureux saint Roch naquit à Montpellier, en Languedoc. Cette ville, depuis longtemps célèbre par ses écoles de médecine, reçoit plus d'éclat encore du bonheur qu'elle a eu de compter parmi ses enfants un saint dont la main, bénie de Dieu, guérit ces maladies effroyables où les plus grands docteurs échouent. Montpellier fut son berceau ; et cette ville devait aussi, comme nous le verrons, recevoir son dernier soupir.

Le père de Roch était un grand seigneur du pays, issu des anciens comtes de Montpellier ; il s'appelait Jean. Depuis la guerre sainte, prêchée sous le pontificat d'Urbain II, tous ses ancêtres, de génération en génération, s'étaient empressés de prendre la Croix, de s'enrôler sous les étendards libérateurs de Jésus-Christ, et de voler au secours de la chrétienté. Leur sainte ardeur à inaugurer partout le signe du salut sur les vitraux de leur oratoire, comme sur leur blason de famille, valut à ces nobles chevaliers le surnom de *la Croix*. Ils s'en emparèrent et le préférèrent joyeusement et amoureusement à ceux qui auraient été tirés de leurs terres et domaines.

Or, Jean de la Croix, après plusieurs années de mariage, n'avait pas eu d'enfants de sa femme Libère. Mais enfin les ferventes prières de ces pieux époux et leurs aumônes obtinrent de Dieu un fils qui devait être la couronne et la consolation de leur vieillesse.

Pendant sa grossesse, Libère, agenouillée dans l'oratoire du château, contemplait avec amour les croix armoriées incrustées sur les dalles qui recouvraient la poussière des aïeux de son mari. Elle désirait alors que le fruit de ses entrailles, accordé à sa religion et à sa piété, fût tellement à Jésus-Christ, qu'il pût résumer en lui au degré le plus énergique toute la force de cette devise de la famille : *La Croix avant tout*. Pénétrée des mêmes sentiments que la vertueuse Anne, mère du prophète Samuel, elle consacrait son fils à l'avance au Seigneur ; et, dans l'extase de sa dévotion, elle l'avait même sacrifié à Jésus, pour que cet ami des hommes, ce rédempteur des captifs et des pauvres, ce consolateur des malades et des affligés, imprimât sur le corps et dans l'âme de son enfant le cachet de la Croix, du dévoûment et du sacrifice.

Ses ardents désirs furent exaucés, et un

fils lui naquit, portant sur la poitrine la marque visible d'une croix de couleur rouge. C'est pourquoi elle lui donna le nom de *Roch*, abréviation de mots languedociens qui expriment cette croix rouge qu'il apportait en venant au monde.

Les historiens ne sont pas d'accord sur la date de cette naissance. Les uns lui assignent l'année 1295, sous Philippe-le-Bel; les autres, 1280, sous Philippe-le-Hardi. Cette dernière date est la plus probable.

Libère, comprenant que cette marque sacrée de la Croix était un présage de la sainteté à laquelle Roch était appelé, l'éleva avec un soin extrême. Elle ne voulut pas qu'un lait étranger alimentât cette petite créature que Dieu avait confiée à son amour, ni que le nom et les premiers enseignements de la vertu lui vinssent par une autre bouche que celle d'une tendre mère. Sentinelle vigilante d'une religion sainte près du berceau de son cher enfant, elle lui balbutiait en souriant les douceurs de la piété chrétienne, et le petit ange envoyait à sa mère un regard aimable d'intelligence et d'affection.

Les premières années de Roch s'écoulèrent ainsi, à puiser dans le cœur maternel ces révélations célestes qui font tant aimer plus tard la vertu. La dame, ravie de la douceur et de la précoce sagesse de son fils, s'appliqua ardemment à former à la piété sa jeune âme, et Roch, docile à l'Esprit-Saint et à sa mère, vécut dès son premier âge dans une grande pureté de mœurs. A mesure qu'il grandissait, sa piété, sa bonté, sa charité, sa mansuétude, la beauté calme de ses traits, faisaient dire de lui, comme de son divin Maître, qu'il croissait tous les jours en grâce et en sagesse devant Dieu et devant les hommes. Il avait à peine douze ans, que déjà Montpellier admirait la gravité de ses paroles et la sainteté de ses actions, et que les vieillards recueillaient de ses lèvres de salutaires leçons.

Il n'avait pas atteint sa vingtième année, quand il perdit, à peu de jours de distance, son père et sa mère.

Se voyant alors le maître d'une riche succession, il distribua aux pauvres, le plus secrètement possible, toutes celles de ses richesses dans la jouissance desquelles il entrait immédiatement ; et, abandonnant le gouvernement de sa seigneurie à un de ses oncles, il prit l'habit de pèlerin, avec le bâton et le bourdon, et quitta son pays dans le dessein d'aller visiter tous les saints lieux de Rome.

La capitale du monde chrétien allait célébrer la solennité de l'année séculaire 1300. Le grand jubilé, qui promettait aux fidèles des indulgences extraordinaires, fit de Rome un rendez-vous général pour les contrées catholiques. Cette fête venait d'être instituée par Boniface VIII, et le Saint-Père devait rehausser l'éclat des cérémonies par son auguste présence. Il part, notre angélique pèlerin, mais non point seulement pour admirer un sublime spectacle et satisfaire sa dévotion particulière ; il s'en va avec le dévouement d'un apôtre, les sentiments d'un martyr ; d'un apôtre de la vérité, et d'un martyr de la charité, près des humbles et des petits, au chevet des infirmes, au pied du grabat, où gémissaient délaissés les souffreteux et les rebuts de l'humanité : il voulait serrer dans ses bras les pauvres, ces chers frères de Jésus, notre doux Rédempteur.

Quand le saint eut franchi les Alpes, il fut frappé de l'aspect déchirant qu'offraient presque partout les villes et les villages de l'Italie. La peste y exerçait d'horribles ravages, et les places publiques, les hôpitaux de Rome étaient remplis de ses tristes victimes. Alors il se hâte d'accomplir les actes de dévotion nécessaires pour gagner les indulgences ; puis son ardeur l'emporte. Rome est assez pourvue de cœurs généreux qui sauront se dévouer ; il sort de ses murs, dans le dessein de parcourir les lieux où les malades seront plus abandonnés.

Aquapendente offre un vaste champ à son zèle, car le fléau l'a complètement envahie. Roch se hâte de distribuer la faible somme d'argent qui lui restait, ayant semé l'aumône tout le long de la route; puis, s'adressant à l'administrateur de l'hôpital, nommé Vincent, il le conjure de vouloir bien lui permettre d'assister et de soigner les moribonds. L'administrateur y consent, et notre saint, vouant sa vie et toutes ses facultés au soulagement des maladies corporelles et spirituelles des malheureux que l'épidémie avait entassés en quelque sorte les uns sur les autres, passait les jours et les nuits à prier pour eux, à préparer leurs remèdes, à remuer leurs couches, et à respirer l'air de la mort.

CHAPITRE II

Comment il soignait l'âme aussi bien que le corps. — Sa douceur à l'égard des malades. — Son zèle à Césène et à Rimini pour ramener auprès des pestiférés ceux qui fuyaient la contagion. — Il revient à Rome; quelle vie il y mène.

La douceur de ses manières rendait ses soins si agréables aux malades, qu'ils se croyaient à moitié guéris quand ce tendre médecin veillait près de leurs lits. Ange de paix, il s'était assis amoureusement à côté de l'ange de la mort, ce roi des épouvantements, pour en adoucir le terrible aspect, et semblait prendre sur lui-même une partie des souffrances des pestiférés, afin d'en alléger le poids. On le voyait entrer dans le détail de tout ce qui pouvait leur faire plaisir, et s'appliquer avec non moins d'ardeur à chasser de leurs âmes la tristesse, compagne des douleurs physiques.

Ces soins si touchants, il les renouvela encore dans d'autres villes d'Italie, et notamment à Césène et à Rimini. Allumant son zèle et son dévoûment au feu de la prière et des méditations éternelles, il se multipliait autant que les victimes de la contagion. Les lits de la douleur étaient abandonnés par ceux-là même que les sentiments de la nature devaient en constituer les fidèles gardiens, et bon nombre de malades appelaient en vain un père, des enfants ou une épouse : la peur faisait reculer devant elle la charité et la tendresse.

Roch s'éleva avec force contre ce scandale, et appela cruelle lâcheté cette désertion d'un poste où l'amour de Dieu et des hommes nous commande de mourir s'il le faut. Et, en effet, comment décorer encore du titre de chrétiennes ces âmes pusillanimes, qui fuient à l'heure où il serait temps d'aller jeter une parole amie sur des plaies douloureuses, d'adoucir par des pensées de foi et d'espérance une maladie qui dispose à la recherche des biens solides, les cœurs fermés alors aux joies du monde; de faire baiser l'image du Dieu crucifié à ces lèvres muettes et presque glacées, qui, après avoir bu la lie amère des plaisirs mondains, vident maintenant à longs traits le calice des souffrances? Saint Roch censurait une conduite qui ne se renouvelle que trop souvent dans de pareilles circonstances ; et il eut le bonheur d'en arrêter le cours.

Mais le zèle du serviteur de Dieu était encore plus surprenant à l'égard de la lèpre du péché. Par sa douceur et sa charité, il savait faire naître les occasions favorables, avec une industrie qui lui était propre ; et, d'après sa légende, « Dieu lui ayant accordé
» le don des miracles, il opéra force guéri-
» sons, par le signe de la croix appliqué sur
» les tumeurs et charbons pestilentiels ; ce
» qui le relevait extrêmement en gloire aux
» yeux des médecins et ministres des hô-

» pitaux. Mais, quand quelques-uns étaient
» condamnés par Dieu au trépas, on les
» voyait, touchés de repentir et d'amour à
» sa bénigne voix, se jeter sans effroi dans
» le sein de sa miséricorde, et, soutenus
» par l'ami et consolateur des pestiférés,
» passer joyeusement de la vallée de larmes
» à la Jérusalem céleste, au moyen du re-
» pentir et du pardon. »

Les guérisons innombrables opérées par saint Roch avaient élevé son nom jusqu'au ciel. Epouvanté de la gloire qui s'attachait à ses pas, il résolut de retourner à Rome pour se cacher dans cette grande ville. La peste y régnait comme ailleurs, terrible et impitoyable.

Comme sa charité l'empêchait de demeurer un seul instant inactif, il alla trouver sur-le-champ un cardinal dont la légende tait le nom, mais dont on lui avait parlé, lors de son premier voyage pour l'année sainte, comme d'un homme éminent. Ce cardinal avait beaucoup de crédit auprès du pape Benoît XI, alors régnant, et auparavant général des Frères-Prêcheurs, saint pontife qui ne cessait d'élever ses mains au ciel pour apaiser le fléau, et qui, durant les onze mois que dura son pontificat, mit tout en œuvre pour agrandir les ressources et développer les moyens de secours si nécessaires alors.

Roch, décidé à mourir, pourvu qu'il eût des pestiférés à soigner, conjura le pieux cardinal de vouloir bien entendre sa confession générale. Frappé de l'extérieur grave et modeste du pèlerin, et des sentiments généreux qu'exprimait son cœur brûlant, le cardinal se prêta à sa demande et voulut même le communier de sa main. Mais, au moment où le prélat s'avançait vers son pénitent pour lui donner le pain des forts, le visage de Roch se couvrit d'une clarté si éblouissante, qu'un rayon de la Divinité semblait illuminer son front. Ému et attendri, il fit appeler saint Roch après le sacrifice, et lui commanda au nom de Dieu de prier sans cesse pour Rome, si terriblement affligée. Roch, ayant baissé la tête avec humilité, courut se prosterner au pied de l'autel et y pria avec ferveur pendant une heure entière. Puis, revenant auprès du cardinal, et le voyant inquiet et tremblant pour ses propres jours, il se jette à genoux et lui demande la permission de le marquer d'un signe. Le prince de l'Église y ayant consenti, le serviteur de Dieu forma sur son front le signe de la croix, et la peau, d'après la légende, en conserva l'empreinte jusqu'à la mort.

Pendant les trois ans qu'il passa à Rome, l'ange exterminateur épargna le plus grand nombre de ceux sur lesquels il avait imprimé ce cachet divin.

Le cardinal, désireux à son tour de payer sa reconnaissance par un bienfait, conduisit lui-même au Pape ce grand ouvrier de miracles. Benoît, frappé comme les autres des rayons de splendeur qui jaillissaient des yeux du saint, lui donna de tout son cœur la bénédiction apostolique, et recommanda au cardinal de traiter son hôte avec l'affection et la tendresse d'un père.

Mais il est impossible de cacher la ville qui est établie sur une haute montagne, et de ne pas voir la lumière qui brille sur le chandelier. Médecin du corps et de l'âme, saint Roch paraissait aux yeux de la multitude doué de la puissance d'arracher les morts mêmes du fond des enfers. C'est pourquoi il recevait de grandes sommes d'argent de personnes opulentes et pieuses, admiratrices de sa charité. Une fois qu'il avait soulagé le corps par ces mille précautions, cette intelligence dans la composition et l'administration des médicaments qu'il possédait à un degré incomparable, il s'emparait de l'âme par ses exhortations et ses conseils, toujours emmiellés d'une indicible mansuétude. Les Romains, comme les habitants de Césène et de Rimini, le louaient avec enthousiasme. Saint Roch, en entendant ces cris, comprenait que l'heure de la fuite avait sonné pour lui; il partit donc précipitamment de Rome pour prendre le chemin des Alpes.

CHAPITRE III

Il arrive à Plaisance. — Sa maladie. — Il se retire dans un bois. — Un chien compatissant lui apporte sa nourriture. — Visite du gentilhomme, maître du chien.

On pouvait dire de saint Roch comme de notre divin Maître, qu'il passait en faisant le bien, consolant les affligés et guérissant les malades; et le martyrologe romain remarque expressément que, dans toutes les villes et bourgades de la Romagne et de la Lombardie, il chassait la peste au moyen du signe de la croix. Mais arrivé à Plaisance, il ressentit lui-même le venin pestilentiel qui l'avait si longtemps épargné. Comme il s'était voué à l'immolation, la justice amoureuse du Dieu du Calvaire venait d'ordonner l'épreuve.

Il fut donc frappé, mais d'une manière qui témoignait de la bonté de Jésus envers lui. Une nuit qu'il se reposait un peu du long travail de la journée, il entendit une voix qui lui dit : « Roch, mon bien-aimé serviteur, cher ami de mes enfants, tu as supporté beaucoup de fatigues dans tes longs voyages, tu as eu froid et faim ; mais, puisque tu as désiré le calvaire, la Croix s'appesantira encore sur tes épaules, et ton pauvre corps ressentira des tourments et des douleurs extrêmes. »

Bientôt Roch fut saisi de vertiges, de somnolence, et de ce sentiment d'angoisse et de tristesse singulière, qui sont les symptômes de la peste. Une fièvre très ardente se déclara, et une douleur aiguë à la cuisse gauche, comme si on l'eût percée avec une dague, lui arrachait des cris violents. Ne pouvant supporter l'idée d'être à charge aux autres par ses plaintes continuelles il exprima le désir qu'on le mît hors de l'hôpital. Et alors le poids d'une horrible ingratitude vint ajouter à ses souffrances et lui faire boire le calice jusqu'à la lie. Des gens se trouvèrent pour accuser de frénésie ses gémissements. On le chassa de la ville, et près des portes gisait sur un peu de paille le sauveur de tant d'infortunés. Quelques-uns même allèrent jusqu'à maudire celui qui aimait et servait si tendrement les hommes. Mais, comme les saints sont préparés aux persécutions, saint Roch priait pour ceux qui le chargeaient d'injures ; car, si le monde est injuste, les saints ne savent que pardonner, parce que tout en eux est héroïque.

Cependant Roch fait un effort, et se soulevant de dessus cette mauvaise paille, il parvient, aidé de son bâton, à gagner un bois voisin, et se couche sur les hautes herbes, à l'ombre d'un cormier. S'abandonnant à la Providence, qui ne permet jamais qu'un cheveu se détache de notre tête sans sa permission, il attendit là les effets de la divine miséricorde ; et le Père céleste, qui nourrit les oiseaux du ciel, qui autrefois envoyait un corbeau porter au prophète Elie son pain de chaque jour, le récréa par ses aimables caresses. Une soif ardente produite par la violence de la fièvre le dévorait ; le bon Jésus, qui se souvenait d'avoir eu soif au puits de Jacob, fit, suivant la légende, sortir une source d'eau vive de cet endroit, jusque-là sec et aride.

De plus, nous lisons dans la même légende qu'un gentilhomme de la contrée nommé *Gottardo* ou *Gothar*, dont le château n'était pas éloigné, avait un chien qui chaque jour dérobait un morceau de pain à la table de son maître, et le portait comme aliment au serviteur de Dieu. Une fois entre autres que Gottardo, après une grande chasse, dînait tranquillement avec quelques officiers, ce même chien se détache de la meute, saisit un pain, et s'enfuit loin du château. Gottardo, étonné, envoya un valet sur ses traces; et celui-ci trouva le chien auprès de saint Roch, étendu au pied d'un arbre au plus sombre de la forêt.

Cette découverte ayant été immédiatement rapportée, Gottardo va lui-même visiter le pauvre abandonné et le prie d'accepter un abri dans son château.

Saint Roch refusa, se contentant de demander pour le chien la permission de lui apporter pendant quelque temps un peu de pain, et pour lui-même la construction d'une petite cabane de ramée, afin d'être prémuni contre les intempéries de l'air.

Ainsi vécut saint Roch pendant plusieurs mois, jusqu'à ce qu'il plût à Dieu de le guérir. Peu à peu la fièvre perdit de son intensité, et il recouvra sa première santé. A peine la guérison fut-elle complète, qu'il reprit son bâton, courut remercier l'obligeant Gottardo, et se dirigea vers Plaisance pour accabler encore de ses bienfaits ceux qui avaient insulté à sa détresse et à ses douleurs.

Mais le temps des injures était passé, et quand Plaisance le vit relevé miraculeusement d'un mal qu'il avait ressenti jusqu'au point où la mort n'avait épargné personne dans les hôpitaux, ce ne fut plus qu'un cri d'admiration. On accourut se jeter à ses pieds; on baisait ses mains et ses habits, en témoignage de vénération et d'amour. Alors le saint, qui avait abandonné son pays et ses parents pour vivre inconnu dans le monde, et dont la pensée dominante était de se rendre utile sur la terre, sans recueillir les fruits, pourtant légitimes, d'une conduite si généreuse, voyant qu'il n'avait pas réussi sur ce point, et que l'Italie tout entière conspirait contre son humilité, résolut de retourner en France.

CHAPITRE IV

Son retour à Montpellier. — On le prend pour un espion. — Une prison devient sa demeure. — Sa maladie. — Sa sainte mort.

Vêtu de son habit de pèlerin, la panetière sur le dos, et le bourdon a la main, portant tracées en longs sillons sur son visage les preuves de ses travaux et de ses souffrances, saint Roch s'avançait lentement vers les frontières du Languedoc.

Il était alors âgé de quarante ans. Les mortifications et les veilles avaient blanchi ses cheveux ; ses habits déchirés, annonçaient un étranger pauvre et sans appui. Arrivé sur une de ses terres, il se nomme, et on le repousse. Aucun de ses anciens vassaux ne voulait reconnaître en lui l'illustre rejeton des nobles chevaliers de la Croix. Ses pas se dirigent alors vers Montpellier, sa ville natale, où il espérait trouver quelque repos. Mais des troubles agitaient cette cité ; et, pour la paix, il ne la rencontra que dans sa belle âme.

En effet, le retour de saint Roch dans sa patrie doit porter la date de 1320. Or, à cette époque, tout le Languedoc était épouvanté par la guerre des Pastoureaux. On nommait ainsi une réunion de pauvres gens sortis du nord de la France avec l'intention d'aller reprendre aux Sarasins le tombeau de Notre-Seigneur, sous prétexte que cette délivrance était réservée aux bergers et aux pauvres. Mais dans toute société, lorsqu'un bouillonnement a lieu, l'écume monte à la surface, et pendant sa marche cette troupe s'était grossie d'aventuriers, vrais guetteurs de pillage et de dévastation. Le 29 juin 1320, quarante mille de ces brigands entrèrent à Carcassonne et y amoncelèrent des ruines. Aussi les propriétaires de fiefs et les magistrats employèrent contre eux les mesures les plus rigoureuses.

Comme saint Roch entrait à Montpellier dans ce moment critique où la peur fait voir partout des coupables, il fut pris pour un de leurs espions, un éclaireur et un traînard de cette soldatesque spoliatrice. On se saisit de lui ; et l'asile offert à celui que l'Italie appelait le restaurateur des villes et le doux médecin envoyé du Ciel fut une noire prison, siége de l'opprobre et de l'ignominie. Des juges farouches ou prévenus ne voulurent l'interroger ni sur son nom ni sur son état, et même un de ses oncles avait pressé l'autorité de le jeter dans ce cachot. Pour saint Roch, ce fut un motif de consolation, puisqu'il ressemblait en cela à son divin Maître, qui avait été livré à la mort par un des siens.

Une fois en prison, ainsi maltraité par ses concitoyens, et méconnu de ses proches, le saint s'appuya sur Dieu, qui lui envoya ses anges de paix et de consolation. Il avait fui la gloire et abandonné la fortune, quand il pouvait jouir de l'une et de l'autre. Peu lui importait ce qu'on pensait ou ce qu'on disait de lui. Dieu habitait son cachot, et quand l'innocence opprimée pardonne, elle trouve dans sa douceur et sa charité la source de toute félicité.

Cette patience sublime fut couronnée par une dernière épreuve. Dieu permit qu'après sept années de prison supportées en silence et avec la plus parfaite résignation il fût encore frappé de cette maladie qu'il avait fait disparaître d'Italie; et une révélation céleste lui annonça que sa fin était proche. A cet avis d'en-haut, le serviteur de Jésus pria ses geôliers de lui faire venir un prêtre. Celui-ci, en mettant le pied dans le cachot, vit une clarté éblouissante entourer le grabat du pauvre mourant ; elle ressemblait à celle qui couronne le front des séraphins. Le ministre de la réconciliation fut saisi de respect à la vue de cet étrange malfaiteur, dont les yeux étaient fixés sur un crucifix.

Après lui avoir demandé qui il était, pour

quoi il se trouvait ainsi sous les coups de la justice, son admiration fut au comble; et, lorsqu'il lui eut administré le sacrement de pénitence et le saint viatique, il exigea qu'il déclarât en présence de plusieurs témoins sa naissance et sa famille, afin qu'une réparation bien que tardive fût rendue à sa mémoire.

Saint Roch ne se conforma à cet ordre que par obéissance, s'inquiétant fort peu de l'opinion des hommes sur son compte, et surtout de ces biens terrestres qu'il avait toujours dédaignés.

Les mondains, dans une semblable situation, remueraient ciel et terre pour venger leur réputation. — Pour les saints, l'œil de Dieu suffit, car l'éternité se chargera de proclamer leur innocence, et elle vaut mieux que le témoignage du temps.

Cependant le bruit de cette déclaration solennelle s'étant répandu dans la ville de Montpellier, on sut que le prisonnier n'était rien moins que Roch de la Croix, cet homme si longtemps méconnu de ses parents et de ceux mêmes qui, pèlerins comme lui, avaient à leur retour publié ses hauts actes de vertu en Italie. Une multitude de peuple assiégea sa prison, redisant avec transport ses prodiges de sainteté, consacrés à tout jamais par le souvenir des malheureux.

Enfin la maladie du saint était parvenue à son dernier période; sa belle âme s'envola vers son Créateur, dans la nuit du 16 au 17 août 1327.

« A son dernier soupir, dit sa légende, on
» le trouva modestement composé en son
» pauvre tugurion, les yeux levés au ciel,
» avec des flambeaux miraculeux aux pieds
» et à la tête, et à ses côtés un écriteau ren-
» fermant ces paroles : *Ceux qui, frappés de*
» *peste, invoqueront le secours de Roch, en se-*
» *ront soulagés.* »

L'oncle qui possédait alors ses biens, touché jusqu'aux larmes d'avoir laissé souffrir un neveu si tendre et si aimable, de l'avoir comme tous les autres traité en espion, ordonna qu'il ne serait point enterré dans le cimetière de la prison, mais bien dans la principale église de Montpellier. Ce qui fut exécuté avec une pompe funèbre digne de la vertu du défunt.

CHAPITRE V

Histoire du culte et de la translation des reliques de saint Roch.

Le souvenir de saint Roch ne descendit pas avec lui dans le tombeau ; car le monde lui-même est juste envers la sainteté, quand il la juge sur un sépulcre. Les peuples ont toujours montré envers lui la plus grande dévotion, l'invoquant avec confiance dans les tribulations corporelles et spirituelles, mais spécialement dans la peste et les autres maladies contagieuses. Cette dévotion dut son accroissement rapide à ce qui advint lors de la célébration du concile de Constance, en l'an 1414.

Là étaient rassemblés beaucoup d'étrangers, venus des diverses contrées de l'Europe, pour voir terminer enfin un schisme cruel qui déchirait l'Occident. La peste sévissait aux portes de Constance, et on redoutait l'invasion du fléau, dont les ravages eussent été plus terribles dans cette cité que partout ailleurs, à cause de cette agglomération d'hommes sortis de climats différents. Les évêques italiens qui siégeaient au concile avaient appris de leurs pères à révérer la mémoire du pieux serviteur des pestiférés ; et ce fut à leur instigation que le concile fit publier un jeûne rigoureux et ordonna une procession générale, pendant laquelle serait portée l'image du saint brodée sur une magnifique bannière. Dans les litanies chantées à cette occasion, saint Roch fut placé au rang des confesseurs. Le mal cessa bientôt, et cette célèbre invocation de saint Roch, faite par l'Eglise assemblée, lui a servi de canonisation en règle ; si bien que tous les papes qui se sont succédé depuis n'ont pas jugé nécessaire d'en promulguer une autre.

Le fait est regardé comme miraculeux,

dans les actes du concile ; et ces actes[1] ont été approuvés par le pape Martin V. La voix de l'Eglise est la voix de Dieu, et le martyrologe romain a inscrit le nom de saint Roch dans ses fastes, qui sont les annales du ciel.

Bientôt après, son culte se propagea avec une extrême rapidité, en Allemagne et en Suisse ; sur toute la surface de ces deux contrées, on érigea en son honneur des ermitages, des oratoires, des chapelles, des églises richement décorées. La France et l'Italie, théâtres de son zèle et de sa charité, avaient déjà devancé le reste du monde catholique, et quand la peste s'étendait sur ces pays, l'image déployée de saint Roch et son nom invoqué étaient le signal de la délivrance. A Rome on bâtit une église sous son invocation expresse.

L'an 1462, des religieux trinitaires de la Rédemption, appelés en France Mathurins, et destinés au rachat des chrétiens captifs, étaient sur le point de naviguer vers le Le-

---

[1] Du moins ceux qui étaient le résultat d'une *décision conciliaire sur les matières de foi*.

vant, terre des pestes et des fléaux, pour remplir leur charitable mission. Leur couvent était à Arles. Avant de s'embarquer, ils désiraient grandement posséder quelques reliques du saint, afin de se mettre sous sa protection, pendant leur périlleux voyage. Le maréchal Boucicault, auquel ils s'étaient adressés, obtint que le corps de saint Roch serait transporté de Montpellier à Arles, et cette dernière ville a toujours depuis conservé ce précieux trésor.

Venise aussi a reçu dans ses murs, en 1485, des parties de ce corps sacré; quelques ossements ont été distribués à d'autres provinces et cités du monde catholique : pour l'Espagne, à Grenade ; pour l'Italie, à Rome et à Turin; pour la France, à Arles, comme nous l'avons vu; puis à Marseille, à Arras, et enfin jusqu'au bourg de Ville-juif, près Paris, qui obtint en 1533, et par l'autorité du pape Clément VII, un os du cou appelé *spondile*. La capitale elle-même bâtit une belle église sous l'invocation de saint Roch, et reçut des reliques au moment de la dernière ouverture de la chasse à Arles.

Alors le duc de Vendôme obtint, pour Paris, de l'archevêque d'Arles et du général des Mathurins un os du bras droit.

La cérémonie de cette translation fut magnifique. A son arrivée à Paris, on déposa la sainte relique dans le couvent des Capucins de la rue Saint-Honoré. Le lendemain, 22 novembre 1665, le clergé vint processionnellement et en grande pompe, accompagné de la haute noblesse et de la magistrature parisienne, la recueillir et la déposer dans une châsse d'argent du poids de cent cinquante marcs.

Plus tard, en 1740, Jean Law, qui avait été contrôleur général des finances pendant la minorité de Louis XV et sous la régence du duc d'Orléans, employa à embellir l'église paroissiale de Saint-Roch une partie des sommes qu'il avait recueillies pendant son administration.

La confrérie de Saint-Roch, au couvent des Carmes dans la même ville, était aussi très célèbre ; et celle de l'hôpital des Quinze-Vingts fut considérablement enrichie en 1720 par la piété de Louis XV.

Ce prince inscrivit son nom parmi les membres, et bientôt on reçut ceux de la reine, des princesses et des grands du royaume; ceux des cardinaux, archevêques et évêques, ayant à leur tête le cardinal de Rohan; ceux des conseillers du Parlement, des conseillers d'État; cette troisième catégorie s'ouvrait par le nom du chancelier de France Henri-François d'Aguesseau. Bientôt la France entière s'était associée à ce noble élan.

CONCLUSION

Pour bien saisir la vie de cet aimable serviteur des pauvres malades, il faut apprendre à aimer Dieu et ses frères. De nos jours, des invocations, des neuvaines et des processions ont encore lieu en l'honneur de saint Roch ; mais où sont ses imitateurs ?

Et cependant, pour faire tourner en notre faveur le crédit dont les saints jouissent auprès de Dieu, nous devons chercher à pratiquer nous-mêmes ce qui leur a mérité un culte ici-bas et la couronne immortelle dans les cieux. En temps de peste, où sont les chrétiens qui visitent, soignent et embrassent dans les étreintes de la charité leurs frères souffrants ? Quels sont ceux qui vont consoler et sanctifier les derniers instants des moribonds ?

O saint Roch, priez pour nous; détournez de dessus nos têtes les fléaux corporels; mais surtout aidez-nous, par votre intercession, à guérir les deux grandes plaies de nos âmes et de la société, le péché et l'indifférence. Obtenez-nous l'amour de nos frères, et faites que nous mourions dans la charité. Ainsi soit-il.

APPENDICE

Dès les premiers jours de l'apparition du choléra dans nos contrées, son Em. Mgr de La Tour-d'Auvergne, évêque d'Arras, conçut la pensée de se procurer une relique de saint Roch, que l'on invoque particulièrement en temps de peste ou de toute autre maladie épidémique, pour l'exposer à la vénération de ses diocésains. Ayant appris que le corps de cet illustre serviteur de Dieu reposait à Arles, le prélat écrivit au curé de cette ville pour le prier de vouloir bien lui procurer une petite portion de ce précieux trésor. Il lui fut répondu que les reliques de saint Roch étant renfermées dans une châsse à trois clés, dont l'une est entre les mains de Mgr l'archevêque d'Aix, la seconde est déposée à la mairie d'Arles, et la troisième est confiée à M. le curé de Saint-Trophime de cette ville, il fallait le concours de ces trois autorités pour procéder à l'ouverture de la châsse.

Aussitôt Son Em. écrivit à Mgr l'archevêque d'Aix et à M. le maire d'Arles. Ce dernier répondit qu'il ne pouvait agir qu'en vertu d'une délibération du conseil municipal. Quant à Mgr d'Aix, sa réponse fut on ne peut plus favorable. Enfin, après trois mois d'attente, on fit l'ouverture de la châsse de saint Roch : on y trouva un écrit indiquant le nombre de fois qu'elle avait été ouverte. Il paraît qu'on en était à la seizième ou dix-septième ouverture. On en retira l'extrémité d'un fémur, d'une dimension de cinq à six pouces, pour la cathédrale d'Arras, et quelques parcelles d'ossements pour Mgr le cardinal. Le tout fut enfermé dans une boîte cachetée aux armes de la ville d'Arles, et adressée à son Éminence.

Le 2 du mois de juillet, Mgr le cardinal exposa ces reliques à la vénération des fidèles, dans le chœur de la cathédrale, où elles restèrent neuf jours consécutifs, pendant lesquels on chanta un salut en l'honneur du saint, pour la cessation du choléra. Après cette neuvaine, elles furent déposées au-dessus du tabernacle de l'autel du Sacré-Cœur, en attendant l'achèvement d'une châsse plus convenable pour les renfermer.

Depuis cette époque, les reliques de saint Roch ont été visitées par les fidèles de la ville d'Arras et par ceux des campagnes où le fléau exerça ses ravages.

LITANIES DE SAINT ROCH

Seigneur, ayez pitié de nous.
Christ, ayez pitié de nous.
Seigneur, ayez pitié de nous.
Christ, écoutez-nous.
Christ, exaucez-nous.
Père céleste, qui êtes Dieu, ayez pitié de nous.
Fils Rédempteur du monde, qui êtes Dieu, ayez pitié de nous.
Esprit-Saint, qui êtes Dieu, ayez pitié de nous.
Sainte Trinité, qui êtes un seul Dieu, ayez pitié de nous.
Sainte Vierge Marie, priez pour nous.
Saint Roch,
Fidèle serviteur du Seigneur,
Serviteur dévoué de la Vierge Marie,
Amateur et défenseur de la sainte Croix,

priez p. n.

Imitateur de Jésus-Christ,
Ennemi des vanités du monde,
Miroir de patience,
Miroir de piété,
Miroir de toutes les vertus,
Consolateur des affligés,
Refuge des malades,
Soutien des infirmes,
Secours des infortunés,
Patron puissant contre la peste et les épidémies,
Protecteur des fidèles,

Par votre ardent amour pour Dieu et le prochain, nous vous en prions, secourez-nous.
Par la grande vénération que vous avez eue pour les saints Anges,
Par votre éminente dévotion envers tous les Saints,
Par vos pieux pèlerinages,
Par la sévérité de votre vie pénitente,
Par vos veilles et vos jeûnes,
Par la profonde humilité avec laquelle vous assistiez les malades,

Par les guérisons miraculeuses que vous opériez avec le signe de la croix,

Par la sainte patience avec laquelle vous avez supporté la terrible maladie de la peste,

Par tous vos mérites,

Exaucez-nous, pauvres pécheurs,

Qu'il vous plaise d'être notre intercesseur auprès de Dieu, pour obtenir le pardon de nos péchés et la délivrance de nos maux,

Qu'il vous plaise de préserver les fidèles qui vous invoquent d'une mort subite et imprévue,

Qu'il vous plaise de détourner de nous la colère de Dieu et ses fléaux, la peste, les épidémies, la famine et la guerre,

Qu'il vous plaise, par votre intercession, d'arrêter le bras de l'Ange exterminateur, et de conserver les fruits de la terre,

Qu'il vous plaise d'implorer la miséricorde

divine pour les âmes du Purgatoire, afin qu'elles obtiennent le repos éternel, nous vous en prions, écoutez-nous.

Agneau de Dieu, qui effacez les péchés du monde, pardonnez-nous, Seigneur.

Agneau de Dieu, qui effacez les péchés du monde, exaucez-nous, Seigneur.

Agneau de Dieu, qui effacez les péchés du monde, ayez pitié de nous, Seigneur.

Saint Roch, priez pour nous,

Afin que nous soyons préservés de l'épidémie et de la mort prompte.

PRIONS

O Dieu! qui avez accordé à saint Roch, votre serviteur fidèle, la grâce de guérir par le signe de la croix tous ceux qui étaient infectés de la peste, nous vous prions, par ses mérites et son intercession, de nous préserver, dans votre miséricorde, de la contagion et de la mort subite et imprévue :

par Notre-Seigneur Jésus-Christ. Ainsi soit-il.

Sauvez vos serviteurs qui espèrent en vous, ô mon Dieu !

Soyez pour nous, Seigneur, une tour puissante contre les attaques de nos ennemis.

Que l'ennemi de notre salut ne triomphe pas de nous, et que les ruses de l'esprit de malice ne nous deviennent point funestes.

Seigneur, ne nous traitez pas comme nos péchés le méritent, et ne nous punissez pas en proportion de nos iniquités !

Dieu tout-puissant et éternel, qui, par les mérites du bienheureux saint Roch, votre confesseur, avez fait cesser, par votre bonté une peste générale qui désolait la terre, daignez accorder à nos très humbles prières que tous ceux qui, pleins de confiance en votre miséricorde, vous supplient de les préserver d'un semblable fléau, soient délivrés, par l'intercession de votre glorieux confesseur, de cette maladie et de tout ce qui peut troubler leur repos ; par Notre-Seigneur Jésus-Christ, votre Fils, qui, étant Dieu, vit et règne avec vous en l'unité du Saint-Esprit, dans tous les siècles des siècles. Ainsi soit-il.

PRIÈRE A SAINT ROCH

Grand saint, détournez, nous vous en prions, de dessus nos têtes criminelles les fléaux du Seigneur. Préservez, par votre intercession, nos corps des dangers de l'épidémie, mais plus encore nos âmes de la contagion des vices et du mauvais exemple. Obtenez-nous la salubrité de l'air, mais avant tout la pureté du cœur ; aidez-nous à faire un bon usage de la santé, à supporter les maladies avec patience, à chercher surtout la guérison de nos langueurs spirituelles, à vivre comme vous, dans les exercices de la pénitence et de la charité, pour jouir avec vous de la gloire et des délices immortelles que vous ont méritées vos vertus. Ainsi soit-il.

Seigneur, qui, par le ministère d'un ange,

avez promis au bienheureux saint Roch que ceux qui l'invoqueraient ne seraient pas atteints des épidémies et des pestes, nous vous supplions humblement de permettre que nous, qui réclamons son appui dans notre détresse, vous nous délivriez, à cause de ses mérites et par son intercession, du fléau des contagions actuelles, tant du corps que de l'âme : au nom de Notre-Seigneur Jésus-Christ, votre Fils, qui vit et règne avec vous en l'unité du Saint-Esprit, dans tous les siècles des siècles. Ainsi soit-il.

PRIÈRES CONTRE LES ÉPIDÉMIES

Étoile du ciel, qui avez allaité celui qui, en triomphant de la mort, a déraciné le péché, cause des épidémies, repoussez les influences malignes qui nous menacent d'une mort prompte. Délivrez-nous de la contagion de toute maladie funeste.

Recevez nos prières, Vierge Marie, consolation des affligés. Si vous les accueillez, votre divin Fils, qui jamais ne vous a rien refusé, ne vous repoussera pas encore, et nous serons sauvés.

Priez pour nous, Mère de Dieu très miséricordieuse.

Aidez-nous, Reine de miséricorde, qui avez brisé la tête du serpent.

Dieu de bonté, Dieu de pardon, qui avez eu pitié de votre peuple affligé, et qui avez dit à l'Ange exterminateur d'arrêter son bras, nous vous prions, par l'intercession de votre très sainte Mère, de nous soutenir de vos grâces, et de nous délivrer de l'épidémie et de la mort soudaine, ô doux Jésus, roi de gloire, qui vivez et régnez avec le Père et le Saint-Esprit dans toute l'éternité. Ainsi soit-il.

Seigneur, que le milieu de nos jours ne soit pas la fin de notre vie. A qui aurons-nous recours, si ce n'est à vous, qui pouvez commander à la mort? Dieu saint, Dieu des phalanges célestes, Dieu saint et immortel, ayez pitié de nous.

Ne nous perdez pas, Seigneur, quand nous sommes chargés de nos fautes; ne nous punissez pas dans votre colère.

Dieu saint, Dieu des phalanges célestes, Dieu saint et immortel, ayez pitié de nous.

Seigneur, nous ne vous offrons pas nos prières appuyées sur nos mérites, mais sur l'espoir que nous avons en votre miséricorde.

Dieu saint, Dieu des phalanges célestes, Dieu saint et immortel, ayez pitié de nous.

Ne méprisez pas, doux Jésus, l'ouvrage de vos mains, que vous avez racheté par votre précieux sang; ayez pitié de vos élus et de votre héritage, convertissez nos pleurs en joie, afin, Seigneur, que, vivants, nous exaltions votre saint Nom. Ainsi soit-il.

O Seigneur Jésus-Christ, nous avons recours à vous. Dieu saint, Dieu grand, Dieu immortel, ayez pitié de nous et du genre humain.

Purifiez-nous de nos péchés et de nos faiblesses, par votre sang divin, maintenant et toujours, et dans l'éternité. Ainsi soit-il.

LITANIES DES SAINTS

INVOQUÉS DANS LES ÉPIDÉMIES

Seigneur, ayez pitié de nous.
Christ, ayez pitié de nous.
Seigneur, ayez pitié de nous.
Christ, écoutez-nous.
Christ, exaucez-nous.
Père céleste, qui êtes Dieu, ayez pitié de nous.
Fils Rédempteur du monde, qui êtes Dieu, ayez pitié de nous.
Esprit-Saint, qui êtes Dieu, ayez pitié de nous.
Trinité sainte, qui êtes un seul Dieu, ayez pitié de nous.

Sainte Marie, mère de Dieu, priez pour nous.
Consolatrice des affligés,
Santé des infirmes,
Notre-Dame de la garde,
Notre-Dame de guérison,
Notre-Dame de miséricorde,
Saint Michel, protecteur des fidèles,
Saint Raphaël, ange de la santé,

priez pour nous.

LITANIES DES SAINTS

Saints Anges gardiens,
Sainte Anne, qui avez guéri tant de malades,
Saint Joseph,
Saint Joachim,
Saint Jean, le disciple bien-aimé,
Saint Luc, patron de la médecine,
Saint Cosme et saint Damien, modèles des médecins,
Saint Sébastien, qui tant de fois avez dissipé les épidémies,
Saint Césaire le médecin,
Saint Christophe, asile contre la mort subite,
Saint Roch,
Saint Adrien,
Saint Libérat,
Saint Sylvestre,
Saint Martin,
Saint Nicolas,
Saint Pantaléon,
Saint Antoine,
Saint Fiacre,
Saint Macaire d'Antioche,
Saint Bernard,
Saint Louis,
Saint Gérund,
Saint Valentin,
Saint Charles Borromée,
Sainte Barbe

priez pour nous.

priez pour nous.

Sainte Marguerite,
Sainte Geneviève,
Tous les saints et toutes les saintes de Dieu, priez pour nous.

PRIONS

Seigneur, déployez sur nous votre ineffable miséricorde, en nous délivrant en même temps de tous nos péchés, et des peines qu'ils nous ont méritées.

O Dieu! que le péché offense, que la pénitence apaise, écoutez favorablement les supplications de votre peuple, et détournez de nos têtes les fléaux de votre colère, que nous méritons par nos péchés. Nous vous le demandons par Jésus-Christ Notre-Seigneur, qui vit et règne avec vous, en l'unité du Saint-Esprit, dans tous les siècles des siècles. Ainsi soit-il.

Seigneur, notre Dieu, faites, nous vous en conjurons, que vos serviteurs jouissent toujours de la santé de l'âme et du corps, afin que, par la glorieuse intercession de la bienheureuse Vierge Marie, ils soient délivrés des chagrins de ce monde, et goûtent ensuite les joies éternelles. Par Jésus-Christ Notre-Seigneur. Ainsi soit-il.

O Dieu, qui dispensez par un ordre merveilleux les ministères des anges et des hommes, accordez-nous, par votre bonté, que nous soyons protégés durant notre vie sur la terre par ceux qui ne cessent jamais de vous rendre leurs services dans le ciel : par Notre-Seigneur Jésus-Christ, votre Fils, qui, étant Dieu, vit et règne avec vous en l'unité du Saint-Esprit, dans tous les siècles des siècles. Ainsi soit-il.

O Dieu, qui avez daigné faire à sainte Anne la grâce d'être la mère de Celle qui a enfanté votre Fils unique, accordez-nous, dans votre bonté, que nous soyons aidés auprès de vous par son intercession : par le même Jésus-Christ Notre-Seigneur. Ainsi soit-il.

Assistez-nous, Seigneur, par les mérites de l'époux de votre très sainte Mère, afin que son intercession nous obtienne les grâces que nous ne pouvons obtenir par nous-mêmes : vous qui vivez et régnez avec le Père et le Saint-Esprit, dans tous les siècles des siècles. Ainsi soit-il.

O Dieu, qui avez choisi entre tous vos saints le bienheureux Joachim, pour être père de la Mère de votre Fils, faites-nous, s'il vous plaît, la grâce que nous méritions de ressentir sans cesse les effets de sa protection : par le même Jésus-Christ Notre-Seigneur. Ainsi soit-il.

O Dieu, qui nous voyez effrayés par les maux qui nous environnent de toutes parts, faites, s'il vous plaît, que nous soyons protégés par la glorieuse intercession du bienheureux saint Jean, votre apôtre et évangéliste : par Notre-Seigneur Jésus-Christ. Ainsi soit-il.

Faites, Seigneur, que votre évangéliste saint Luc intercède pour nous, lui qui a toujours porté sur son corps la mortification de la croix pour la gloire de votre nom : par Notre-Seigneur Jésus-Christ, qui vit et règne avec vous en l'unité du Saint-Esprit, dans tous les siècles des siècles. Ainsi soit-il.

O Dieu tout-puissant, faites, s'il vous plaît, qu'en révérant la mémoire de vos saints martyrs, Cosme et Damien nous soyons, par leur intercession, délivrés de tous les maux qui nous menacent : par Notre-Seigneur Jésus-Christ. Ainsi soit-il.

Regardez, Dieu tout-puissant, notre faiblesse ; et, parce que nous sommes accablés sous le poids de nos péchés, soutenez-nous par l'intercession de vos glorieux martyrs saint Fabien et saint Sébastien : par Notre-Seigneur Jésus-Christ. Ainsi soit-il.

O Dieu, qui voyez que nous ne saurions subsister par nos propres forces, faites, par votre bonté, que nous soyons fortifiés par l'intercession de votre confesseur et pontife saint Martin, contre tous les maux qui nous environnent : par Notre-Seigneur Jésus-Christ. Ainsi soit-il.

Faites, s'il vous plaît, ô Dieu tout-puissant, que, par l'intercession de votre martyr saint Valentin, nous soyons délivrés de tous les maux qui nous menacent : par Notre-Seigneur Jésus-Christ. Ainsi soit-il.

Faites, ô Dieu tout-puissant, que, par l'intercession du bienheureux Pantaléon, votre martyr, nos corps soient délivrés de toutes sortes d'adversités et que nos âmes soient purifiées de toutes sortes de mauvaises pensées : par Notre-Seigneur Jésus-Christ. Ainsi soit-il.

O Dieu, qui, par une providence ineffable, daignez envoyer vos saints anges pour nous garder, accordez à nos très humbles prières la grâce d'être soutenus par leur protection, et la joie d'être dans l'éternité les compagnons de leur gloire : par Notre-Seigneur Jésus-Christ, votre Fils, qui, étant Dieu, vit et règne avec vous en l'unité du Saint-Esprit, dans tous les siècles des siècles. Ainsi soit-il.

FIN

Plancy, Typographie de la Société de Saint-Victor.
J. COLLIN, imp.

www.ingramcontent.com/pod-product-compliance
Lightning Source LLC
LaVergne TN
LVHW021726080426
835510LV00010B/1157